Coleção
Sabores do Mundo
BOLOS

CB041490

= ÍNDICE =

BOLO SICILIANO DE RICOTA • 2
BOLO MIMOSO • 4
PUDIM DE PÃO • 7
BOLO DE AVELÃS • 8
CHEESECAKE DE PASSAS AO RUM • 9
BOLO DE RICOTA COM FRUTAS SILVESTRES • 11
BOLO DE FRUTAS COM
COBERTURA DE CHOCOLATE • 12
SACHERTORTE • 14
BOLO AZEDINHO DE CHOCOLATE • 15
BOLO CAMPESTRE DE MAÇÃS • 16
FLORESTA NEGRA • 18
REGRAS BÁSICAS • 20

CHEESECAKE DE FRAMBOESA
E CHOCOLATE BRANCO • 22
BOLO DE FUBÁ COM AMÊNDOAS • 25
STRUDEL DE MAÇÃ • 26
BOLO SIMPLES • 28
BOLO TURCO • 29
BOLO ITALIANO • 30
BOLO DE CHOCOLATE COM LARANJA • 32
BOLO DE FUBÁ COZIDO COM
FRUTAS CRISTALIZADAS • 34
CHEESECAKE NOVA-IORQUINO • 36
BOLO DE ARROZ • 37
BOLO DE FRUTAS SILVESTRES • 38

GIRASSOL

BOLO SICILIANO DE RICOTA

Ferva o açúcar, a água e a vagem de baunilha numa panela de fundo grosso até a mistura virar um xarope. Deixe esfriar. 🌢 Bata a ricota vigorosamente com uma espátula, depois acrescente o xarope aos poucos, mexendo até a mistura ficar macia e cremosa.

Esta receita vem da bela ilha mediterrânea da Sicília. Não é tão fácil de fazer, mas vale a pena.

🌢 Misture o chocolate e as frutas cristalizadas com a ricota (reservando algumas para decorar), depois acrescente o pistache e o licor. 🌢 Corte o pão-de-ló em fatias finas e forre com elas uma fôrma de 25 cm com aro removível, acrescentando um pouco da geléia de damasco para uni-las. 🌢 Recheie com a mistura de ricota, espalhando por igual. 🌢 Cubra com o restante do pão-de-ló e leve à geladeira por 2 horas no mínimo. 🌢 Prepare a cobertura aquecendo o restante da geléia de damasco, o açúcar de baunilha e a água de flor de laranjeira, mexendo até virar um xarope. 🌢 Retire o bolo da geladeira, espalhe a cobertura por igual e decore com as frutas cristalizadas reservadas.

Porções: 6-8

Preparo: 2 h 15 min + tempo para fazer o pão-de-ló + 2 h para gelar

Cozimento: 10 min

Nível de dificuldade: 3

- 1 ½ xícara (chá) de açúcar
- 125 ml de água
- 1 vagem de baunilha
- 500 g de ricota passada na peneira
- 150 g de chocolate meio-amargo picado
- 300 g de frutas cristalizadas
- 2 colheres (sopa) de pistache sem casca
- 2 colheres (sopa) de licor de cereja
- 1 pão-de-ló (veja receita na pg. 21)
- 4 colheres (sopa) de geléia de damasco
- 1 colher (sopa) de açúcar de baunilha
- 2 colheres (sopa) de água de flor de laranjeira

BOLO MIMOSO

Prepare o pão-de-ló e o creme de baunilha. ♣ Depois que o pão-de-ló esfriar, corte-o em três camadas, deixando a superior ligeiramente mais fina. ♣ Retire com cuidado a crosta externa da camada mais fina e esmigalhe ou corte em pequenos cubinhos. ♣ Misture o licor com o açúcar e a água e molhe uma das camadas mais grossas, depois espalhe uma parte do creme, amontoando-o ligeiramente no centro. ♣ Cubra com a outra camada de pão-de-ló e espalhe o restante do creme por cima e dos lados. ♣ Para finalizar, cubra o bolo com as migalhas ou cubinhos para dar o efeito mimoso.

Porções: 6-8

Preparo: 10 min + tempo para fazer o pão-de-ló e o creme de baunilha

Nível de dificuldade: 2

- **1 1/2 receita de pão-de-ló (veja receita na pg. 21)**
- **1 receita de creme de baunilha (veja receita na pg. 20)**
- **125 ml de licor de laranja**
- **1/2 xícara (chá) de açúcar**
- **200 ml de água**

PUDIM DE PÃO

Deixe as passas de molho no rum. ❧ Corte o pão em pedaços pequenos e coloque numa tigela. ❧ Ferva o leite, acrescente a manteiga e o açúcar, depois mexa um pouco e despeje sobre o pão. ❧ Depois que o pão tiver absorvido todo o leite (leva uns 30 minutos), acrescente os ovos levemente batidos, as passas escorridas e as raspas de limão. ❧ Misture bem e transfira para uma fôrma de 25 cm untada com manteiga e polvilhada com farinha de rosca. ❧ Asse em forno preaquecido a 180°C por 30 minutos. ❧ Sirva quente ou à temperatura ambiente.

Esta receita de Veneza se tornou popular entre os pobres, que podiam comprar seus ingredientes simples.

Porções: 6-8
Preparo: 20 min + 30 min de molho
Cozimento: 30 min
Nível de dificuldade: 1

- 125 ml de rum
- 200 g de passas brancas sem sementes
- 350 g de pão amanhecido
- 1 litro de leite
- 100 g de manteiga
- 250 g de açúcar
- 5 ovos
- raspas de 1 limão
- manteiga e farinha de rosca para untar a fôrma

BOLO DE AVELÃS

Peneire a farinha, a fécula e o fermento numa tigela. ❧ Triture as avelãs, depois acrescente à tigela, junto com o sal. ❧ Bata os ovos com o açúcar na batedeira ou com um batedor manual, até a mistura ficar cremosa e esbranquiçada. ❧ Continue a bater enquanto acrescenta a manteiga aos poucos, um pedaço de cada vez. ❧ Acrescente aos poucos os ingredientes peneirados, 1 colherada por vez, sem parar de bater. ❧ Por último, acrescente o rum. ❧ Unte e enfarinhe uma fôrma de 23 cm com aro removível. ❧ Despeje a mistura (sem alisar ou sacudir). ❧ Asse em forno preaquecido a 180°C por cerca de 40 minutos. ❧ Deixe o bolo esfriar na fôrma por 10 minutos, depois coloque sobre uma grade.

Porções: 6-8
Preparo: 25 min
Cozimento: 35-40 min
Nível de dificuldade: 2

- 1 1/3 xícara (chá) de farinha de trigo
- 1 xícara (chá) de fécula de batata
- 2 1/2 colheres (chá) de fermento em pó
- 200 g de avelãs sem casca
- 1 pitada de sal
- 3 ovos grandes
- 1 1/4 xícara (chá) de açúcar
- 150 g de manteiga em pedacinhos
- 3 colheres (sopa) de rum

CHEESECAKE DE PASSAS AO RUM

Porções: 8-10
Preparo: 30 min
Cozimento: 1 hora
Nível de dificuldade: 1

- 2 xícaras (chá) + 2 colheres (sopa) de aveia
- 8 colheres (sopa) de açúcar mascavo
- 4 colheres (sopa) de manteiga
- 500 g de cream cheese amolecido
- 1/2 xícara (chá) de açúcar
- 2 1/2 colheres (sopa) de farinha de trigo
- 2 ovos grandes
- 125 ml de creme de leite
- gotas de limão a gosto
- 3 colheres (sopa) de rum
- 3 colheres (sopa) de manteiga derretida
- 1/2 xícara (chá) de açúcar mascavo
- 60 g de passas
- 60 g de avelãs picadas

Junte as xícaras de aveia, a primeira medida de açúcar mascavo e de manteiga e misture bem. Forre uma fôrma de 23 cm com aro removível, pressionando bem. ❧ Asse em forno preaquecido a 180°C por 15 minutos. ❧ Coloque o cream cheese, o açúcar e 2 colheres (sopa) da farinha numa tigela grande e bata até ficarem bem misturados. ❧ Acrescente os ovos, um por vez, sem parar de bater. ❧ Acrescente o creme de leite misturado com as gotas de limão e o rum, envolvendo bem. ❧ Coloque esta mistura às colheradas sobre a massa. ❧ Numa tigela, misture a segunda medida de manteiga com a farinha restante e a segunda medida de açúcar mascavo até formar uma farofa. ❧ Acrescente as passas, as avelãs e a aveia que sobrou. ❧ Espalhe sobre o cheesecake e asse em forno preaquecido a 180°C por cerca de 45 minutos. ❧ Deixe esfriar antes de desenformar.

BOLO DE RICOTA COM FRUTAS SILVESTRES

Misture a ricota com o iogurte e metade do açúcar numa tigela. ♣ Bata o creme de leite até engrossar e incorpore cuidadosamente à mistura. ♣ Por último, misture 3 colheres (sopa) das frutas silvestres. ♣ Divida o pão-de-ló em duas camadas. Coloque uma das camadas no fundo de uma fôrma de 25 cm e espalhe a mistura de ricota por cima. Cubra com a outra camada. ♣ Cozinhe as frutas restantes com o açúcar que sobrou e o suco de limão, em fogo alto, até virar um xarope. ♣ Espalhe sobre o bolo e leve à geladeira por 3 horas no mínimo antes de servir.

Porções: 6-8

Preparo: 40 min + tempo para fazer o pão-de-ló + 3 h para gelar

Nível de dificuldade: 2

- 500 g de ricota passada na peneira
- 1 $1/2$ xícara (chá) de açúcar
- 250 ml de iogurte natural
- 450 ml de creme de leite fresco
- 500 g de frutas silvestres variadas
- 1 receita de pão-de-ló (veja receita na pg. 21)
- suco de 1 limão

BOLO DE FRUTAS COM COBERTURA DE CHOCOLATE

Pique grosseiramente as nozes, as amêndoas e as avelãs. 🌰 Coloque numa tigela grande e acrescente os pignolis, as cascas cristalizadas, o cacau, o chocolate, a canela, a noz-moscada, o coentro e a pimenta. Misture bem, depois acrescente o mel, a farinha e as sementes de erva-doce. 🌰 Unte e enfarinhe levemente uma fôrma de 25 cm com aro removível. Coloque a mistura na fôrma e asse em forno preaquecido a 160°C por 30 minutos, ou até ficar dourado na superfície. 🌰 Deixe na fôrma por 30 minutos, depois coloque sobre uma grade para esfriar. 🌰 Para fazer a cobertura, derreta o chocolate em banho-maria. Deixe esfriar por 10 minutos, depois espalhe por cima do bolo.

Esta é uma antiga receita italiana. É parecida com o panforte de Siena, mas com cobertura de chocolate.

Porções: 12
Preparo: 15 min + 40 min para gelar
Cozimento: 30 min
Nível de dificuldade: 1

- **60 g (cada) de nozes, amêndoas e avelãs sem casca**
- **30 g de pignolis**
- **60 g de cascas de laranja e cidra cristalizadas em cubinhos**
- **30 g de passas hidratadas em água morna por 20 min**
- **60 g de cacau em pó sem açúcar**
- **125 g de chocolate meio-amargo grosseiramente picado**
- **1/2 colher (chá) (cada) de canela, noz-moscada, pimenta-do-reino e coentro em pó**
- **90 g de mel morno**
- **2 1/2 xícaras (chá) + 4 colheres (sopa) de farinha de trigo**
- **1/4 colher (chá) de sementes de erva-doce**
- **350 g de chocolate meio-amargo para cobertura**

SACHERTORTE
(BOLO AUSTRÍACO DE DAMASCO)

Derreta a primeira medida de chocolate em banho-maria sobre água quente, mas não fervente. Retire do fogo e deixe esfriar. ♣ Bata o açúcar com a manteiga até obter um creme leve e fofo. ♣ Acrescente as gemas aos poucos, sem parar de bater, depois o chocolate derretido, já frio. Acrescente aos poucos a farinha peneirada. ♣ Bata as claras em neve e acrescente à mistura. ♣ Coloque a massa numa assadeira de 23 cm com aro removível, sem untar. ♣ Asse em forno preaquecido a 160°C por 1 hora. Deixe o bolo esfriar na assadeira. ♣ Corte em camadas e recheie com a geléia. ♣ Para fazer a cobertura, derreta a manteiga e o chocolate em banho-maria. Acrescente o café e bata bem. Misture o açúcar de confeiteiro e a baunilha. Espalhe por cima e nas laterais do bolo.

Porções: 6-8
Preparo: 15 min
Cozimento: 1 hora
Nível de dificuldade: 2

- 150 g de chocolate meio-amargo
- 90 g de manteiga
- ½ xícara (chá) de açúcar
- 5 ovos separados
- 7 colheres (sopa) de farinha de trigo
- 100 g de geléia de damasco

PARA A COBERTURA
- 1 colher (sopa) de manteiga amolecida
- 125 g de chocolate meio-amargo
- 6 colheres (sopa) de café coado forte
- 2 xícaras (chá) de açúcar de confeiteiro
- 1 colher (sopa) de essência de baunilha

BOLO AZEDINHO DE CHOCOLATE

Porções: 6-8

Preparo: 30 min

Cozimento: 25 min

Nível de dificuldade: 2

- 300 g de chocolate meio-amargo picado
- 4 colheres (sopa) de água
- 2 $1/4$ xícaras (chá) de farinha de trigo
- 1 colher (chá) de bicarbonato
- $1/4$ colher (chá) de sal
- 180 g de manteiga amolecida
- 1 $1/2$ xícara (chá) de açúcar
- 2 colheres (chá) de essência de baunilha
- 3 ovos
- 250 ml de creme de leite fresco com algumas gotas de limão
- $1/4$ xícara (chá) de mel
- 2 colheres (sopa) de água
- $1/8$ colher (chá) de sal
- 500 ml de creme de leite fresco batido

Numa panela pequena, em fogo baixo, misture metade do chocolate com a água. Mexa até o chocolate derreter. Deixe esfriar. Peneire a farinha, o bicarbonato e o sal juntos. ❧ Numa tigela grande, bata a manteiga, o açúcar e a baunilha até obter um creme. ❧ Acrescente os ovos, um de cada vez, batendo bem. ❧ Sem parar de bater, acrescente a mistura de chocolate, depois a farinha e o creme de leite com limão. Bata até ficar homogêneo. ❧ Unte com manteiga e farinha 3 fôrmas de 23 cm com aro removível, forrando o fundo com papel-manteiga. ❧ Divida a massa entre as fôrmas e asse em forno preaquecido a 190°C por 25 minutos. ❧ Deixe esfriar dentro das fôrmas por 15 minutos, depois coloque sobre grades. ❧ Para fazer a cobertura cremosa de chocolate: numa panela pequena, em fogo baixo, derreta o chocolate restante junto com o mel e a segunda medida de água e sal. Deixe esfriar. ❧ Incorpore o creme de leite batido à mistura de chocolate e use para rechear e cobrir o bolo.

BOLO CAMPESTRE DE MAÇÃS

Bata a manteiga e o açúcar com as raspas de limão até obter um creme. 🍎 Sem parar de bater, acrescente os ovos, um de cada vez, depois o sal e a farinha peneirada, alternando com o leite. Incorpore o fermento. 🍎 Coloque a massa numa fôrma de 25 cm com aro removível, untada com manteiga e enfarinhada. 🍎 Descasque as maçãs, corte ao meio e tire os miolos. Faça cortes na parte redonda e regue com suco de limão. 🍎 Coloque as maçãs sobre o bolo, com a parte redonda para cima. 🍎 Asse em forno preaquecido a 180°C por cerca de 45 minutos. 🍎 Quando o bolo estiver assado, pincele com um pouco de geléia morna passada na peneira e sirva.

Porções: 6
Preparo: 30 min
Cozimento: 45 min
Nível de dificuldade: 1

- **125 g de manteiga**
- **½ xícara (chá) de açúcar**
- **raspas de 1 limão**
- **2 ovos**
- **1 pitada de sal**
- **2 xícaras (chá) de farinha de trigo**
- **90 ml de leite**
- **2 colheres (chá) de fermento em pó**
- **4 maçãs médias**
- **2 colheres (sopa) de suco de limão**
- **2 colheres (sopa) de geléia de damasco**

FLORESTA NEGRA

Peneire a farinha, o cacau, o bicarbonato e o sal numa tigela e reserve. ❧ Bata a manteiga com 1 xícara (chá) de açúcar até obter um creme leve e fofo. Sempre batendo, acrescente os ovos e a baunilha, até ficar cremoso. ❧ Sem bater, acrescente

Este famoso bolo vem da região da Floresta Negra, no sul da Alemanha.

a mistura de farinha. Envolva delicadamente. ❧ Despeje a mistura em 2 fôrmas de 20 cm com aro removível untadas e enfarinhadas. ❧ Asse em forno preaquecido a 180°C por 40 minutos. Deixe esfriar. ❧ Enquanto isso, leve ao fogo a outra medida de açúcar e a água, mexendo até dissolver o açúcar. Ferva por 5 minutos. Deixe esfriar e acrescente metade do conhaque. ❧ Bata o creme de leite até formar picos moles. Adicione o açúcar de confeiteiro até ficar firme. Junte o conhaque restante (reserve um pouco do creme para decorar). ❧ Desenforme os bolos e corte cada um ao meio. Molhe as camadas com a calda de conhaque. ❧ Espalhe 1/3 do recheio sobre o bolo. Coloque 1/3 das cerejas por cima. Repita esse processo com as outras camadas. ❧ Decore o bolo com o creme reservado, as cerejas e as raspas de chocolate.

Porções: 6-8
Preparo: 30 min
Cozimento: 35-40 min
Nível de dificuldade: 2

- $1/2$ xícara (chá) de farinha de trigo
- $1/2$ xícara (chá) de cacau em pó sem açúcar
- 1 $1/2$ colher (chá) de bicarbonato
- 1 colher (café) de sal
- 150 g de manteiga
- 1 $1/2$ xícara (chá) de açúcar
- 5 ovos
- 1 colher (chá) de essência de baunilha
- $3/4$ xícara (chá) de água
- 1 xícara (chá) de conhaque
- 500 ml de creme de leite fresco
- $1/2$ xícara (chá) de açúcar de confeiteiro
- raspas de chocolate a gosto
- 400 g de cerejas em calda escorridas

Regras básicas

Os bolos podem ser divididos em duas categorias principais – pães-de-ló e amanteigados. O pão-de-ló tem uma alta proporção de ovos, açúcar e líquido em relação à farinha, e tem pouca ou nenhuma gordura. O pão-de-ló da página ao lado é uma receita típica. O bolo amanteigado contém gordura (geralmente manteiga ou óleo), além de açúcar, ovos, farinha e líquido.

Como fazer creme de baunilha

O creme de baunilha é usado como recheio em muitos bolos e tortas. Esta receita é maravilhosamente simples e deliciosa.

- 5 gemas
- 1 xícara (chá) de açúcar
- 4 colheres (sopa) de farinha de trigo
- 500 ml de leite
- 1 pitada de sal
- 4 gotas de essência de baunilha

1 Bata as gemas com o açúcar até a mistura ficar cremosa e esbranquiçada.

2 Ferva o leite com o sal e a baunilha, depois misture às gemas com açúcar.

3 Cozinhe em fogo muito baixo, sem parar de mexer, até o creme engrossar.

DICAS

Ao preparar as receitas deste livro, é importante peneirar a farinha. Isto agrega ar e vai deixar seu bolo mais leve. Além disso, procure usar sempre uma farinha de boa qualidade. Os ovos usados nas receitas são do tipo "extra" (60 g cada). Ligue o forno cerca de 15 minutos antes de usá-lo. Coloque o bolo no forno preaquecido assim que tiver acabado de misturar os ingredientes. Não abra o forno durante a primeira metade do tempo de cozimento, para que o bolo não murche. Caso você não seja um cozinheiro experiente, a maneira mais simples de saber se um bolo está assado é enfiar um palito de dentes no centro; se sair limpo, o bolo está pronto.
À medida que ganhar experiência, você saberá que o bolo está pronto só pela sua aparência e pelo toque – a superfície fica levemente elástica quando você toca.

PÃO-DE-LÓ
- 6 ovos
- 1 xícara (chá) de açúcar
- 2 colheres (chá) de raspas de limão
- ½ xícara (chá) + 2 colheres (sopa) de farinha de trigo
- 8 colheres (sopa) de amido de milho
- 1 pitada de sal

Bata os ovos com o açúcar em banho-maria até espumarem. Retire do fogo, acrescente as raspas de limão e continue batendo até esfriar. Incorpore os ingredientes secos peneirados e o sal com movimentos lentos, mantendo a espátula apontada para baixo. Despeje a massa numa fôrma untada de 25 cm com aro removível e asse em forno preaquecido a 160°C por 40 minutos.

CHEESECAKE DE FRAMBOESA E CHOCOLATE BRANCO

Misture a farofa de biscoitos, a manteiga e o açúcar para a base numa tigela pequena. Unte e enfarinhe uma fôrma de 25 cm com aro removível e pressione a mistura no fundo. ❧ Para fazer o recheio, derreta o chocolate em banho-maria. Coloque numa tigela com o cream cheese e o açúcar e misture bem. Acrescente os ovos, batendo um de cada vez. ❧ Reserve 4 colheres (sopa) do recheio e despeje o restante sobre a base preparada. ❧ Acrescente a geléia derretida, o licor e o corante ao recheio reservado. Espalhe com cuidado sobre o recheio branco. ❧ Asse em forno preaquecido a 180°C por 1 hora, ou até ficar firme. ❧ Deixe esfriar em temperatura ambiente, depois leve à geladeira de um dia para o outro, sem tirar da fôrma. ❧ Para fazer a cobertura, derreta o chocolate com a manteiga em banho-maria. Transfira para uma tigela com o cream cheese e o suco de limão e bata até ficar homogêneo. ❧ Retire o cheesecake da fôrma e espalhe a cobertura. Leve à geladeira por 1 hora ou até a cobertura ficar firme. ❧ Derreta a geléia numa panela pequena. Esfrie levemente, depois espalhe sobre a cobertura. ❧ Leve à geladeira por 30 minutos, ou até a geléia endurecer. ❧ Sirva à temperatura ambiente.

Porções: 8-10

Preparo: 1 hora + 13 $^1/_2$ horas para gelar

Cozimento: 1 hora

Nível de dificuldade: 3

BASE
- 250 g de biscoitos maisena triturados
- 100 g de manteiga derretida
- 4 colheres (sopa) de açúcar

RECHEIO
- 500 g de cream cheese amolecido
- 1 xícara (chá) de açúcar
- 250 g de chocolate branco derretido
- 2 ovos
- 125 ml de geléia de framboesa derretida
- 3 colheres (sopa) de licor de framboesa
- $^1/_2$ colher (chá) de corante alimentício vermelho

COBERTURA
- 400 g de chocolate branco
- 200 g de manteiga
- 400 g de cream cheese amolecido
- 2 colheres (sopa) de suco de limão
- 250 ml de geléia de framboesa

BOLO DE FUBÁ COM AMÊNDOAS

Pique as amêndoas num processador junto com 2/3 do açúcar. ❧ Transfira para uma superfície de trabalho e acrescente a farinha, o fubá, as raspas de limão, o açúcar restante, o açúcar de baunilha e o sal. Amontoe e faça uma cova no centro. ❧ Misture a manteiga e a banha com as gemas, e acrescente à mistura de farinha. Trabalhe rapidamente, usando as pontas dos dedos para envolver os ingredientes até obter uma farofa homogênea. ❧ Coloque a massa numa fôrma de 25 cm com aro removível, untada com manteiga e enfarinhada, pressionando levemente com as pontas dos dedos para deixar a superfície irregular. ❧ Asse em forno preaquecido a 190°C por 40 minutos. ❧ Se desejar, polvilhe com açúcar de confeiteiro antes de servir.

Porções: 6

Preparo: 20 min

Cozimento: 40 min

Nível de dificuldade: 1

- **250 g de amêndoas sem pele**
- **1 xícara (chá) de açúcar**
- **1 $^3/_4$ xícara (chá) de farinha de trigo**
- **2 xícaras (chá) de fubá**
- **raspas de 1 limão**
- **1 colher (chá) de açúcar de baunilha**
- **1 pitada de sal**
- **125 g de manteiga em pedaços**
- **100 g de banha de porco em pedaços**
- **2 gemas batidas**

Sugestões

• Substitua as amêndoas pela mesma quantidade de avelãs torradas.

• Para um bolo mais leve, substitua a banha pela mesma quantidade de manteiga.

STRUDEL DE MAÇÃ

Derreta a manteiga na água em fogo baixo. Deixe esfriar. ❧ Peneire e amontoe a farinha sobre uma superfície de trabalho. Faça uma cova no centro e coloque o sal, o açúcar, o ovo e a mistura de manteiga e água. ❧ Misture bem os ingredientes e sove vigorosamente por 20 minutos, até obter uma massa macia e elástica. Faça uma bola, cubra e deixe descansar num local aquecido por 30 minutos. ❧ Enquanto isso, retire a casca e o miolo das maçãs e corte-as em fatias finas. ❧ Deixe as passas de molho em água morna por 10 minutos. ❧ Misture o açúcar com a canela e as raspas de limão. ❧ Torre a farinha de rosca na metade da manteiga. ❧ Coloque a massa sobre um pano grande enfarinhado e abra-a parcialmente com um rolo. Depois estique a massa o máximo possível, colocando os nós dos dedos por baixo e esticando delicadamente para fora. A massa deve ficar fina como uma folha de papel. Pincele com manteiga derretida. ❧ Polvilhe metade da massa com a farinha de rosca, depois as maçãs, as passas e a mistura de açúcar. Espalhe a geléia de damasco. ❧ Enrole o strudel como um rocambole, fechando bem as bordas para que o recheio não escape. Coloque numa assadeira coberta com papel-manteiga. ❧ Pincele com a manteiga restante (derretida) e asse em forno preaquecido a 180°C por cerca de 1 hora. Sirva quente ou morno, polvilhado com açúcar de confeiteiro.

Porções: 4-6

Preparo: 30 min + 30 min de descanso

Cozimento: 1 hora

Nível de dificuldade: 3

- **4 colheres (sopa) de manteiga ou gordura vegetal**
- **90 ml de água**
- **2 xícaras (chá) de farinha de trigo**
- **1 pitada de sal**
- **1 colher (chá) de açúcar**
- **1 ovo**

RECHEIO
- **8 maçãs granny smith**
- **125 g de passas**
- **1/2 xícara (chá) de açúcar**
- **1 colher (chá) de canela em pó**
- **raspas de 1 limão**
- **2 xícaras (chá) de farinha de rosca**
- **100 g de manteiga**
- **100 g de geléia de damasco**
- **açúcar de confeiteiro para polvilhar**

BOLO SIMPLES

Bata a manteiga com o açúcar numa tigela até obter um creme. 🌸 Acrescente as gemas, uma por vez, incorporando bem cada uma antes de acrescentar a próxima. 🌸 Misture bem a farinha, o amido de milho e o fermento. Peneire e junte à mistura de ovos, manteiga e açúcar. Mexa até ficar bem homogêneo. 🌸 Bata as claras com o sal até ficarem firmes, mas não secas, e incorpore cuidadosamente à massa. 🌸 Unte uma fôrma de 25 cm com aro removível com manteiga e polvilhe com farinha. Despeje a massa na fôrma, dê batidinhas sobre a mesa e alise com cuidado a superfície. 🌸 Asse em forno preaquecido a 180°C por 45 minutos. 🌸 Deixe esfriar antes de servir.

Porções: 6
Preparo: 30 min
Cozimento: 45 min
Nível de dificuldade: 2

- 300 g de manteiga em pedacinhos
- 2 xícaras (chá) de açúcar
- 3 ovos separados
- 1 xícara (chá) de amido de milho
- 1 $1/3$ xícara (chá) de farinha de trigo
- 1 colher (chá) de fermento em pó
- 1 pitada de sal

BOLO TURCO

Porções: 6
Preparo: 20 min
Cozimento: 45 min
Nível de dificuldade: 1

- 1 litro de leite
- ¾ xícara (chá) de açúcar
- 1 ½ xícara (chá) de arroz
- 100 g de amêndoas muito bem picadas
- 75 g de passas brancas
- 60 g de pignolis
- 10 tâmaras, de preferência frescas, em pedacinhos
- 2 ovos + 2 gemas
- 1 colher (sopa) de água de rosas
- 1 pitada de sal

Ferva o leite numa panela de fundo grosso. ❧ Misture o açúcar, depois o arroz e o sal. Cozinhe por 10 minutos, mexendo sem parar, depois escorra o leite não absorvido e transfira o arroz para uma tigela. ❧ Misture o arroz com as amêndoas, as passas, os pignolis, as tâmaras, os ovos inteiros e as gemas. Misture bem, acrescentando a água de rosas. ❧ Transfira a mistura para uma fôrma de anel previamente untada com manteiga e polvilhada com farinha de rosca ou de trigo. ❧ Asse em forno preaquecido a 180°C por 30 minutos ou até ficar levemente dourado. ❧ Sirva morno.

BOLO ITALIANO

Peneire a farinha numa tigela. ❧ Misture o açúcar, o sal, as raspas de limão e o fermento. ❧ Vire sobre uma mesa e amontoe. Faça uma cova no centro e coloque a manteiga e os ovos, reservando 1 colher (sopa) de ovo batido para pincelar o bolo. ❧ Trabalhe estes ingredientes, misturando a farinha aos poucos e acrescentando 3 colheres (sopa) de leite. Sove a massa apenas o suficiente para que fique lisa e homogênea. ❧ Unte uma assadeira e polvilhe com farinha. ❧ Molde a massa no formato de uma salsicha grossa e comprida e coloque na assadeira formando um S. ❧ Pincele com o ovo reservado e polvilhe com o açúcar de confeiteiro. Com uma faca de ponta afiada, faça um corte no centro ao longo de todo o bolo. ❧ Asse em forno preaquecido a 180°C por 40 minutos. ❧ Deixe esfriar sobre uma grade por 10 minutos antes de servir.

Porções: 6-8

Preparo: 25 min

Cozimento: 40 min

Nível de dificuldade: 1

- 4 xícaras (chá) de farinha de trigo
- 1 xícara (chá) de açúcar
- 1 pitada de sal
- raspas finas de 1 limão
- 3 $\frac{1}{2}$ colheres (chá) de fermento em pó
- 125 g de manteiga em pedacinhos
- 3 ovos levemente batidos
- 3 colheres (sopa) de leite
- 1 xícara (chá, rasa) de açúcar de confeiteiro

BOLO DE CHOCOLATE COM LARANJA

Porções: 8-10

Preparo: 35 min

Cozimento: 45 min

Nível de dificuldade: 1

Bata a manteiga com o açúcar numa tigela grande até obter um creme. ❧ Acrescente os ovos, um por vez, incorporando bem cada um deles antes de acrescentar o próximo. Misture as raspas de laranja. ❧ Misture o suco de laranja com o açúcar mascavo numa panela até o açúcar dissolver. ❧ Peneire a farinha, o fermento e o cacau na mistura de manteiga e açúcar, aos poucos, alternando com a mistura de suco de laranja e açúcar mascavo. ❧ Unte com manteiga uma fôrma quadrada de 20 cm e forre o fundo e as laterais com papel manteiga. ❧ Coloque a massa na fôrma e alise a superfície. ❧ Asse em forno preaquecido a 180°C por 45 minutos. ❧ Vire sobre uma grade e deixe esfriar. ❧ Para fazer a cobertura, misture o cream cheese numa tigela grande com o açúcar de confeiteiro, o suco e as raspas de laranja, e bata até obter uma mistura lisa e cremosa. ❧ Depois que o bolo esfriar completamente, espalhe a cobertura por cima. Decore com as tirinhas de casca de laranja e, se desejar, rodelas bem finas de laranja.

- 180 g de manteiga
- $1/2$ xícara (chá) de açúcar
- 2 ovos
- raspas finas de 1 laranja
- 125 ml de suco de laranja
- $1/2$ xícara (chá) de açúcar mascavo
- 2 $1/4$ xícaras (chá) de farinha de trigo
- 1 $1/2$ colher (chá) de fermento em pó
- 1 xícara (chá) de cacau em pó sem açúcar

COBERTURA
- 300 g de cream cheese amolecido
- $1/2$ xícara (chá) de açúcar de confeiteiro
- 2 colheres (chá) de raspas finas de laranja
- 100 ml de suco de laranja
- tirinhas de casca de laranja cristalizadas

BOLO DE FUBÁ COZIDO COM FRUTAS CRISTALIZADAS

Coloque as amêndoas numa tigela com as cerejas e frutas cristalizadas, os figos, as passas, as sementes de erva-doce e a aguardente.

Coloque uma assadeira pequena com água no forno enquanto assa, para manter o bolo úmido.

Misture bem e deixe descansar por 15 minutos no mínimo. ❧ Aqueça o leite até o ponto de fervura numa panela antiaderente ou em banho-maria, depois acrescente aos poucos, peneirando, o fubá e a farinha, mexendo sem parar com uma colher de pau, em fogo baixo. Cozinhe por 15 minutos, sem parar de mexer. Acrescente a manteiga, a margarina, o açúcar e o sal, e cozinhe por mais 10 minutos. ❧ Retire do fogo. Acrescente as frutas e amêndoas e misture bem. ❧ Unte uma fôrma rasa de 28 cm com manteiga e polvilhe levemente com farinha. Despeje a massa, dando batidinhas numa mesa para nivelar e alisando a superfície. ❧ Asse em forno preaquecido a 180°C por 1 hora, cobrindo com papel-alumínio após 30 minutos para não ressecar demais. ❧ Sirva à temperatura ambiente.

Porções: 6

Preparo: 1 hora

Cozimento: 1 h 30 min

Nível de dificuldade: 2

- 60 g de amêndoas sem pele, picadas grosseiramente
- 30 g de cerejas e frutas cristalizadas picadas
- 2 colheres (sopa) de figos secos picados
- 3 colheres (sopa) de passas brancas sem sementes
- 1 colher (chá) de sementes de erva-doce
- 4 colheres (sopa) de aguardente
- 1 litro de leite
- 2 $\frac{1}{2}$ xícaras (chá) de fubá mimoso
- 1 xícara (chá) de farinha de trigo
- 90 g de manteiga
- 6 colheres (sopa) de margarina
- 100 g de açúcar
- 1 pitada de sal

CHEESECAKE NOVA-IORQUINO

Misture a farofa de biscoitos, a manteiga e o açúcar para a base numa tigela. Unte e enfarinhe uma fôrma de 25 cm com aro removível e pressione a mistura no fundo. ❧ Asse em forno preaquecido a 180°C por 10 minutos. ❧ Para fazer o recheio, bata o cream cheese, o açúcar e a farinha até ficarem bem misturados. Acrescente os ovos, um de cada vez, batendo bem após cada adição. Acrescente o creme de leite e a baunilha. ❧ Despeje o recheio sobre a base e asse por 1 hora. Apague o forno e deixe o cheesecake lá dentro, com a tampa do forno meio aberta, até esfriar. ❧ Retire da fôrma quando estiver completamente frio e leve à geladeira por cerca de 2 horas. ❧ Sirva puro, com uma cobertura de geléia de frutas derretida ou com frutas frescas picadas.

Porções: 8-10

Preparo: 15 min + tempo para gelar

Cozimento: 1 h 15 min

Nível de dificuldade: 1

- **200 g de biscoitos maisena triturados**
- **4 colheres (sopa) de manteiga derretida**
- **4 colheres (sopa) de açúcar**
- **1 kg de cream cheese amolecido**
- **1 ¼ xícara (chá) de açúcar**
- **3 colheres (sopa) de farinha de trigo**
- **4 ovos**
- **250 ml de creme de leite fresco com algumas gotas de limão**
- **2 colheres (chá) de essência de baunilha**

BOLO DE ARROZ

Porções: 6

Preparo: 45 min + tempo para gelar

Cozimento: 1 hora

Nível de dificuldade: 2

- 1 litro de leite
- 1 pitada de sal
- 1 xícara (chá) de arroz
- 1/2 xícara (chá) de açúcar
- raspas finas de 1 limão
- 100 g de amêndoas torradas bem picadas
- 3 gotas de essência de amêndoas
- 4 ovos separados
- 1 pitada de sal
- manteiga e farinha de rosca para untar

Ferva o leite com o sal numa panela. ❧ Acrescente o arroz e cozinhe em fogo lento, mexendo com freqüência, até o arroz amolecer. ❧ Retire do fogo e acrescente o açúcar, depois as raspas de limão. Deixe esfriar à temperatura ambiente. ❧ Acrescente as amêndoas, a essência de amêndoas e as gemas. ❧ Bata as claras com 1 pitada de sal até ficarem bem firmes e incorpore com cuidado à mistura de arroz.

❧ Unte com manteiga uma fôrma de 25 cm com aro removível, depois polvilhe com farinha de rosca ou de trigo. Despeje a mistura às colheradas.

❧ Asse em forno preaquecido a 180°C por 40 minutos. Sirva à temperatura ambiente.

BOLO DE FRUTAS SILVESTRES

Bata a manteiga com o açúcar até obter um creme, depois acrescente as gemas uma a uma. 🍓 Bata as claras em neve com o sal e incorpore à mistura. Peneire a farinha por cima e misture com cuidado. 🍓 Despeje a mistura numa fôrma de 25 cm untada com manteiga e enfarinhada. Cubra com as frutas (algumas podem afundar na massa), reservando metade para decorar. 🍓 Asse em forno preaquecido a 190°C por cerca de 1 hora. 🍓 Deixe esfriar. Polvilhe com o açúcar de confeiteiro e decore com as frutas reservadas na hora de servir.

Porções: 8-10
Preparo: 30 min
Cozimento: 1 hora
Nível de dificuldade: 2

- 200 g de manteiga derretida
- 8 ovos separados
- 1 1/4 xícara (chá) de açúcar
- 1 pitada de sal
- 2 xícaras (chá) de farinha de trigo
- 450 g de frutas silvestres variadas
- 1/2 xícara (chá) de açúcar de confeiteiro

COLEÇÃO
SABORES DO MUNDO

Copyright © McRae Books Srl, 2002
Criado, editado e desenvolvido por McRae Books, Florença, Itália

Publicado no Brasil por
Girassol Brasil Edições Ltda.
Avenida Ceci, 608 – B-12
Tamboré – Barueri – SP – 06460-120
E-mail: leitor@girassolbrasil.com.br
Site: www.girassolbrasil.com.br

Todos os direitos reservados
Impresso no Brasil

Editora da coleção: Anne McRae
Texto: Rosalba Gioffrè, Carla Bardi
Tradução: Maria Luisa de Abreu Lima Paz
Consultoria: Regina Reis
Fotografia: Marco Lanza, Walter Mericchi, Gianni Petronio
Cenários: Rosalba Gioffrè
Projeto visual: Marco Nardi
Diagramação e recortes: Laura Ottina, Filippo Delle Monache

Os editores gostariam de agradecer a Mastrociliegia (Fiesole), Eugenio Taccini
(Montelupo Fiorentino) e Maioliche Otello Dolfi (Camaioni Montelupo) por sua
colaboração durante a produção deste livro.

Sobre o fotógrafo:

Marco Lanza

Nascido em Florença em 1957, Marco Lanza é fotógrafo de culinária desde o
início dos anos 90. Publicou *Florence Gourmande* (1995), *Pastissima!* (1996),
Verdure! (1997), *Antipasti!* (1997), *Pizza, pane, focacce!* (1998), *Zuppe, risotti,
polenta!* (1998), *Carne!* (1998), *Dolci e frutta!* (1998), *Pesce!* (1999), *Flavours of
Tuscany* (1999), *Flavours of Sicily* (1999), *Flavours of Piedmont* (1999), *Flavours
of Emilia Romagna* (1999), *Flavours of Rome* (2000), *Flavours of Venice* (2000).